AF313914

A Sa Majesté

L'Empereur de toutes les Russies

ALEXANDRE II

De sa très-humble et très-obéissante
servante

A. R. DE BEAUVOIR

DOS A DOS

COMÉDIE

EN UN ACTE ET EN PROSE

PAR

MME A. R. DE BEAUVOIR

PARIS

J. CLAYE, IMPRIMEUR-LIBRAIRE

7 RUE SAINT-BENOÎT

1856

PERSONNAGES

M. DE VAUDREUIL. — Mme DE VAUDREUIL.
Mme D'ÉPERNON.

DOS A DOS

SCÈNE PREMIÈRE

MADAME VAUDREUIL

Allons, me voilà seule pour toute la soirée... Vaudreuil est sorti sans m'adresser un mot... Il était impénétrable... Il rentrera sans doute avec quelque nouveau sujet de mécontentement ou de colère. Son esprit irascible ne goûte aucun repos. Depuis un an que je suis sa femme, il n'a pas donné un seul jour de congé à sa mauvaise humeur... elle est infatigable... S'il m'aimait, encore... je serais calme, résignée... Mais à quoi bon m'arrêter à cette pensée?... Vaudreuil ne saurait aimer... Est-ce qu'il me regarde? est-ce qu'il sait si je suis jeune ou vieille, brune ou blonde? Lorsqu'il m'accompagne au bal, il me tend son bras machinalement, et me ramène de même... S'il daigne causer avec moi, il me querelle, il me rudoie... Il a les fureurs de l'Océan, ou l'impassibilité de l'eau dormante.... Sait-il seulement la fleur

que je préfère, le parfum que j'aime, le poëte qui séduit mon
imagination, la nuance qui sied à mon visage, le langage qui
plaît à mon cœur?... Je suis sa femme, non parce qu'il m'a
aimée, non parce qu'il m'a choisie entre d'autres, mais
parce que le hasard m'a jetée sur sa route d'homme à marier,
et que ma dot, mon nom, ma famille, ont satisfait les exi-
gences de sa noblesse et de sa fortune... Et cependant Vaudreuil n'est point un égoïste, encore moins un cœur indiffé-
rent... Non, non... il a des idées, des sentiments généreux...
parfois une sensibilité d'enfant... Jamais il ne fait attendre
une bonne œuvre : aussi l'aime-t-on malgré soi... Avec ses
défauts, il a su se faire plus d'amis dévoués qu'un autre
avec un nombreux cortége de vertus !... Ah ! puisqu'on l'aime
malgré soi, s'il pouvait m'aimer malgré lui !... Comme je lui
pardonnerais les chagrins qu'il m'a causés ! comme je le trou-
verais charmant avec ses colères, son air bourru, son regard
farouche !... comme, pour me venger, je lui sauterais au cou
au plus fort de l'orage !... Ce serait sa punition et ma récompense ! Ah ! Vaudreuil, est-il donc si difficile de m'aimer ?

SCÈNE II

MADAME VAUDREUIL, MADAME D'ÉPERNON.

MADAME D'ÉPERNON, en toilette de bal ; entr'ouvrant la porte.

Bonsoir, ma belle. Je ne te dérange point, au moins ?

MADAME VAUDREUIL.

Me déranger, toi, ma meilleure amie !... toi que je ne
vois plus et que je désire sans cesse !

MADAME D'ÉPERNON.

Désir de femme est un feu qui dévore, dit-on; et je te trouve épanouie, fraîche et jolie comme une rose de mai...

MADAME VAUDREUIL.

Mais quelle charmante surprise me cause ta visite, ma bonne Louise; j'étais loin de l'espérer.

MADAME D'ÉPERNON.

Ma belle, c'est justement ce que l'on n'espère pas qui se réalise.

MADAME VAUDREUIL.

Ah! si j'en étais sûre, comme je désespérerais!

MADAME D'ÉPERNON.

Désespère toujours... de confiance; cela ne peut jamais nuire à l'accomplissement de nos souhaits; désespérer des choses auxquelles on attache un grand prix, mais c'est la vraie diplomatie, celle que je conseille à tous ceux que j'aime! Est-il rien de plus curieux à étudier que ces crédules humains qui, très-convaincus qu'ils vont obtenir ce que leur orgueil désire, ou ce que leur mérite se croit en droit d'exiger, marchent dans la vie de déceptions en déceptions. Celui-ci, né avec des goûts, des idées, des manières aristocratiques, demande arrogamment au destin un carrosse, des laquais, une grande fortune... et le destin le loge au cinquième, sur la cour, lui donne une femme de ménage, et les grands jours seulement, à titre de luxe exagéré, lui permet une heure de coupé... de remise. — Celle-là, une femme à la mode, en sa qualité d'aimable causeuse, prie le hasard de lui envoyer la visite d'un homme d'esprit; la porte s'ouvre, un sot lui arrive. — Une belle jeune fille demande à la Pro-

vidence un mari jeune, beau, empressé ; son miroir lui répète
qu'elle le mérite à tous égards : la Providence lui accorde
sur-le-champ un mari vieux, laid et désagréable.

MADAME VAUDREUIL.

Comme M. de Vaudreuil.

MADAME D'ÉPERNON.

Vaudreuil est jeune au moins, tu me permettras de n'en
point douter.

MADAME VAUDREUIL.

C'est son seul mérite.

MADAME D'ÉPERNON.

Je lui en sais un autre.

MADAME VAUDREUIL.

Lequel?

MADAME D'ÉPERNON.

Il est joli homme.

MADAME VAUDREUIL, négligemment.

Tu trouves?

MADAME D'ÉPERNON.

Hypocrite ! comme si tu n'avais pas là-dessus une opinion
toute faite.

MADAME VAUDREUIL.

Après tout, ma chère Louise, deux avis valent mieux qu'un.

MADAME D'ÉPERNON.

C'est plein de sagesse ce que tu dis là.

MADAME VAUDREUIL.

Ah! Louise! si tu savais.....

MADAME D'ÉPERNON.

Je sais que tu aimes ton mari et que tu n'en conviens pas, petite rusée.

MADAME VAUDREUIL.

Eh bien! tu te trompes, Louise... J'éprouve même un certain plaisir à m'avouer que j'aime Vaudreuil.

MADAME D'ÉPERNON.

Et tu as raison. Vaudreuil m'a toujours plu... C'est un excellent homme... un peu vif...

MADAME VAUDREUIL.

Ah! Louise!...

MADAME D'ÉPERNON.

Oui, je comprends... trop vif... Que veux-tu? on n'est pas parfait.

MADAME VAUDREUIL.

Décidément, M. de Vaudreuil n'était pas l'homme qu'il me fallait.

MADAME D'ÉPERNON.

Bah! toutes les femmes en disent autant de leurs maris... Ce qui est très-flatteur pour ces messieurs.

MADAME VAUDREUIL.

Tu railles toujours, Louise : on voit bien que tu es heu-reuse, toi.

MADAME D'ÉPERNON.

Heureuse ! moi ?... Ma chère, si nous mettions nos deux existences dans la balance du bonheur, tu penserais autrement.

MADAME VAUDREUIL.

Et cependant le comte d'Épernon t'aime... Tout le monde le dit.

MADAME D'ÉPERNON.

Raison de plus pour que cela ne soit pas. Crois-moi, ma chère Gabrielle, M. d'Épernon est le mensonge de ma vie.

MADAME VAUDREUIL.

Un mensonge qui nous flatte vaut mieux qu'une vérité qui nous déplaît.

MADAME D'ÉPERNON.

Pauvre enfant ! N'approfondissant rien, tu te fais de fausses idées sur toutes choses... Tu proclames hautement M. d'Épernon le meilleur des maris, uniquement parce que tu l'as vu ganté, pommadé, parfumé, souriant, minaudant, pirouettant, et répétant à chacun le compliment ou le bon mot de la veille... Le comte n'a jamais l'esprit du jour. M. d'Épernon est un charmant pantin de salon, une marionnette à plusieurs fils : voilà tout.

MADAME VAUDREUIL.

Mais le comte, lui du moins, a des égards pour toi.

MADAME D'ÉPERNON.

Oh ! sans doute, M. d'Épernon me donne le bras pour aller dans le monde... Au spectacle même, il daigne m'accompagner ; mais, à peine arrivé, il s'esquive en toute hâte pour

rejoindre un plaisir ou courir à un rendez-vous. Jamais
M. d'Épernon ne m'a adressé un reproche; jamais un soup-
çon jaloux n'a altéré l'expression de son visage... Sa politesse envers sa femme devient proverbiale... Il est vrai que le
comte est poli avec ses ennemis eux-mêmes. Me parle-t-il? ses
discours sont empreints d'une grâce, d'une bienveillance...
par malheur ce qu'il me dit, à moi, il le répète au premier
venu, et quelquefois à un être qui, au fond, lui est insupportable. Avez-vous la migraine, la fièvre?... Ce mari modèle n'en
sort pas moins à son heure ordinaire... Serait-ce une affaire
grave qui l'oblige à vous quitter ainsi? Non, une courtisane
l'attend, une danseuse de l'Opéra le désire... Le comte, cependant, est un homme sensible; oui, oui, je lui ai vu pleurer
la perte d'un king's-charles et la mort d'une perruche; cette
dépense de sentiments a dû le ruiner, et je gage qu'aujour-
d'hui il ne lui reste plus une larme pour les misères de
l'humanité. Cependant le cœur de M. d'Épernon est très-vanté
par les dames patronnesses de l'amour, cela est bien naturel...
il récompense dignement leurs services... Ah! c'est une bien-
faisance intarissable que la sienne, elle lui coûte cinquante
mille francs par an. Oui, cinquante mille francs! ce n'est pas
trop, en vérité, car le cœur de M. d'Épernon change très-sou-
vent de domicile, et rien n'est ruineux comme les déménage-
ments... demande plutôt aux hommes politiques qui ont été
ministres. Enfin le cœur de mon mari court de la rue
Mogador à la rue de la Victoire, du boulevard du Temple au
boulevard des Italiens, le théâtre des Délassements-Comiques
faisant concurrence au Grand-Opéra... Oui, ce cœur-là loge
partout, excepté chez sa femme.

MADAME VAUDREUIL.

Tu t'abuses!

MADAME D'ÉPERNON.

Moi! m'abuser!... Ma chère belle, je suis un médecin d'un
nouveau genre, je connais mieux les infirmités de l'âme que
les descendants d'Hippocrate ne connaissent les maladies du
corps; je tâte le pouls au sentiment, et vois, à coup sûr, s'il
est mort, malade, ou en parfaite santé. Crois-moi, Gabrielle,
l'amour de M. d'Épernon, que tu sembles envier, est un fruit
que je mange vert; et quoique bourru, opiniâtre, M. Vaudreuil est préférable; j'escompterais volontiers ses défauts en
échange des vertus de mon mari.

MADAME VAUDREUIL.

Si Vaudreuil te rudoyait une bonne fois, tu changerais
d'opinion; il s'entend si bien à rudoyer, mon cher mari!

MADAME D'ÉPERNON.

Bah! je m'y ferais; il y a peut-être une âme d'élite sous
cette rude écorce.

MADAME VAUDREUIL.

Une âme damnée.

MADAME D'ÉPERNON.

Je gage que Vaudreuil t'adore.

MADAME VAUDREUIL.

Allons donc! il ne m'a jamais dit un mot aimable, encore
moins une parole d'amour.

MADAME D'ÉPERNON.

Qu'est-ce que cela prouve, si c'est un penseur?

MADAME VAUDREUIL.

Tu es folle!

MADAME D'ÉPERNON.

Non! non! Vaudreuil t'aime.

MADAME VAUDREUIL.

Il serait fort honnête à lui de me le dire.

MADAME D'ÉPERNON.

Il te le dira plus tard, il n'attend peut-être qu'une occasion.

MADAME VAUDREUIL.

Je la lui donne tous les jours.

MADAME D'ÉPERNON.

Il me faudrait dix minutes, à moi, pour connaître au juste les sentiments de Vaudreuil... Que ne puis-je assister à l'une de ces querelles terribles qui rougissent ainsi tes jolis yeux!

MADAME VAUDREUIL.

Ma chère, la chose est facile; un jour où Vaudreuil sera en verve, ce qui lui arrive souvent, je t'enverrai chercher.

VAUDREUIL, avec violence, en dehors.

Pierre!.. John! John! Allons donc, drôle, animal, me répondras-tu?

MADAME VAUDREUIL, à voix basse.

Ah! mon Dieu! c'est Vaudreuil.

MADAME D'ÉPERNON.

Il est, ce me semble, dans de très-heureuses dispositions.

VAUDREUIL, *au dehors.*

Où diable est ce butor ! John ? que la foudre t'écrase !

MADAME VAUDREUIL, *de même.*

Il était sorti pour toute la soirée.

MADAME D'ÉPERNON.

Eh bien ! il aura changé d'idée.

MADAME VAUDREUIL.

Ah ! si tu pouvais l'entendre !

MADAME D'ÉPERNON.

Rien n'est plus facile. Justement voici un paravent... De là je verrai, j'entendrai tout, et je serai à même de te secourir en cas de besoin. (*Elle se cache à demi derrière le paravent.*)

SCÈNE III

LES MÊMES, VAUDREUIL.

MADAME VAUDREUIL.

Ah ! vous voilà, Monsieur ?

VAUDREUIL, *très-bourru*

Oui, me voilà, Madame... cela vous déplaît, sans doute ? Mais où serait le mérite de vivre, si la vie ne nous offrait que des occasions, des rencontres et des tête-à-tête agréables ?

MADAME VAUDREUIL.

Mon Dieu ! Monsieur, ne dirait-on pas que je me plains de votre retour !

VAUDREUIL.

Je sais, Madame, que vous êtes trop poli pour me dire ce
que vous pensez.

MADAME VAUDREUIL.

En revanche, Monsieur, vous n'y mettez point la même
réserve. Votre franchise est une source intarissable.

MADAME D'ÉPERNON, à part.

Ce début promet.

VAUDREUIL, avec mauvaise humeur.

Que voulez-vous, Madame, je ne suis pas, moi, comme
quelques dévots de mes amis qui ne touchent jamais à la
vérité sous prétexte qu'elle n'est pas vêtue.

MADAME D'ÉPERNON, à part.

Cet homme-là est un homme d'esprit, au moins.

VAUDREUIL.

Il est des gens pour lesquels la vie n'est qu'un long carna-
val; ils changent d'habit et de masque à volonté; ce sont
les histrions de la comédie humaine. Je hais ce monde-là,
Madame, je le méprise et crie tout haut : Vive la vérité! Le
vrai seul est aimable, a dit Boileau.

MADAME VAUDREUIL.

Prenez garde, Monsieur, vous pourriez vous donner parfois
un cruel démenti.

VAUDREUIL.

C'est-à-dire, Madame, que ma vérité vous semble de fort
mauvais goût.

MADAME VAUDREUIL.

Je la voudrais un peu plus vêtue, Monsieur...: je suis comme certains dévots de vos amis.

VAUDREUIL.

Ah! je vous comprends, Madame; pour vous plaire il faudrait me farder le visage, enrubanner mon langage, donner à ma vie une houlette et des brebis à la manière des bergers de Florian, et nous promener ensemble dans les petits sentiers du pastoral...; mais comme cette mise en scène ne me convient en aucune façon, vous me permettrez de n'en point user... Il faut me prendre tel que je suis.

MADAME D'ÉPERNON, à part.

Il est charmant, cet original-là.

MADAME VAUDREUIL.

Oh! je sais, Monsieur, que vous tenez à vos défauts autant qu'un autre tiendrait à ses qualités. Comment donc! vous êtes fier de votre mauvaise humeur, vous l'étalez coquettement à tout propos, et prenez des airs de conquérant toutes les fois que votre femme se plaint de votre indifférence ou se désole de vos injustices.

VAUDREUIL.

Allez-vous, Madame, profiter de mon retour pour me chercher querelle?

MADAME D'ÉPERNON, à part.

Ça va bien, ça va bien.

MADAME VAUDREUIL.

Les querelles avec vous, Monsieur, on ne les cherche pas, on les trouve.

MADAME D'EPERNON, à part.

Voilà une vérité qui devrait séduire Vaudreuil : elle n'a pas de corset.

MADAME VAUDREUIL, avec aigreur.

Ici, jamais un mot aimable, une parole affectueuse, un regard attendri ne sauraient être admis : ce serait aller contre les lois de la vérité... Dire quelque chose d'obligeant à sa femme, fi donc! quelle école! Les maris empressés, polis, sensibles, sont les soutiens de l'hypocrisie... Ici, on est rudement franc, brutalement vrai... Cela vaut mieux, cela sort du vulgaire... Rendre sa femme malheureuse, quel beau mérite! quelle tâche glorieuse pour le cœur!... On ne saurait y attacher trop de prix, mettre trop de soins à l'accomplir... Tenez, tenez, Monsieur, vous faites de ma vie un supplice!

VAUDREUIL.

Avez-vous encore quelque chose de flatteur à me dire, Madame?

MADAME D'EPERNON, bas à madame Vaudreuil.

Du calme! du calme! comme tu y vas!

MADAME VAUDREUIL.

Mon Dieu! Georges, si je vous parle avec cette vivacité, c'est que je souffre, croyez-le; c'est que votre caractère violent me pousse à bout... Je m'en veux de ne point répondre à vos injustices par une douce résignation... Que voulez-vous, mon ami, je suis impressionnable, nerveuse, irritable!...

2

VAUDREUIL.

Ne vous justifiez pas, Madame, je vous prie... je connais
vos circonstances atténuantes : il y a un an que je suis à
même de les apprécier.

MADAME VAUDREUIL.

Georges! Georges! vous êtes cruel.

VAUDREUIL.

Oh! de grâce, Madame, ne pleurez point... Je suis rentré
parce que le temps menaçait... Je n'aime pas plus les averses
sentimentales de l'intérieur que les tempêtes du dehors.

MADAME D'ÉPERNON, à part.

Il a raison, j'avais peur de m'attendrir.

MADAME VAUDREUIL, avec dépit.

Rassurez-vous, Monsieur, rassurez-vous : je ne vous inon-
derai pas de mes larmes; ce serait faire une dépense de
sentiment en pure perte; cette monnaie-là n'a pas cours
chez vous : à ceux qui vous donnent de l'or, vous rendez
des gros sous.

VAUDREUIL.

Si vous aviez votre compte, Madame, où serait le grand
mal? — Comme il fait froid dans ce salon! — Allons bon! le
feu est éteint! C'est toujours ainsi!... Ce serait la première fois
que l'on aurait pour moi quelque attention, quelque égard,
que l'on préviendrait mes désirs...J'aime la flamme qui pétille,
cela me distrait, cela m'égaie, cela me tient joyeusement
compagnie... et l'on m'offre quoi?... de la cendre chaude...
En sortant, je recommande de faire grand feu... Si l'on
m'obéit, Madame l'éteint, ouvre les fenêtres... Je m'étonne

qu'elle ne cherche pas à frapper ce salon comme on frappe une bouteille de vin de Champagne... Et l'on veut que je sois de bonne humeur, que je sourie comme une gravure de mode, que je ne me plaigne pas, que je ne m'emporte point... Eh! morbleu! Madame, si je suis emporté, c'est que le sang me monte à la tête, et si le sang me monte à la tête, c'est que j'ai froid aux pieds.

MADAME D'ÉPERNON, bas à madame Vaudreuil.

Décidément, ma chère, ton bonheur ne tient qu'à une chaufferette.

MADAME VAUDREUIL, avec vivacité.

Une autre fois, Monsieur, je mettrai le feu à la cheminée.

VAUDREUIL.

Avec l'espoir de me faire brûler vif... De la sorte, je serai damné deux fois... Je vous suis reconnaissant, Madame.

MADAME VAUDREUIL.

Eh! Monsieur! un avant-goût de l'enfer n'est pas si désagréable, je vous assure... Je m'en trouve bien, moi.

Vaudreuil s'assied, madame Vaudreuil en fait autant. Ils se trouvent assis en face l'un de l'autre.

VAUDREUIL.

Mon Dieu! Madame, que vous avez l'air boudeur!

MADAME VAUDREUIL.

Mon Dieu! Monsieur, que vous avez le visage désobligeant!

VAUDREUIL.

Tout à l'heure, Madame, vous ressembliez à une Vénus en colère!

MADAME VAUDREUIL.

Et vous, Monsieur, à un Apollon furieux !

MADAME D'ÉPERNON, riant à part.

Ah! ah! ah! joli groupe pour l'exposition! Je l'achèterai... il est impossible de se dire des injures plus poliment.

VAUDREUIL, à sa femme.

Madame?

MADAME VAUDREUIL.

Monsieur?

VAUDREUIL.

Ce vis-à-vis conjugal vous semble-t-il une des nécessités de notre soirée?

MADAME VAUDREUIL.

En aucune façon, Monsieur.

VAUDREUIL.

Alors, Madame, si vous voulez bien le permettre, dorénavant, nous causerons de la sorte. (Il retourne son fauteuil, sa femme retourne le sien ; les siéges se trouvent ainsi rapprochés et dos à dos.) Ainsi placé, je n'admirerai plus les grâces indignées de Vénus.

MADAME VAUDREUIL.

Et moi je ne verrai plus les regards menaçants d'Apollon.

VAUDREUIL.

Mais nous pourrons échanger dans nos discours les foudres de Jupiter.

MADAME D'ÉPERNON, bas à part.

Vaudreuil tient aux exemples mythologiques : ce que c'est
que l'amour de la vérité !

MADAME VAUDREUIL.

Ah! le touchant tableau! Ne plus nous voir sans nous
séparer... Quelle découverte vous avez faite là, Monsieur!
Je vous en félicite sincèrement. (La tête de madame Vaudreuil effleure
celle de son mari... Tendrement.) Est-ce que je vous gêne?

VAUDREUIL, avec indifférence.

Nullement, Madame.

MADAME VAUDREUIL, piquée.

Vous plaît-il que nous parlions politique? Nous sommes si
bien pour la discussion animée.

VAUDREUIL.

Choisissez votre thème d'éloquence... Je vous écoute.

MADAME D'ÉPERNON, à part.

La scène languit... il est temps que j'arrive... (bas à
madame Vaudreuil.) Gabrielle, Gabrielle, cède-moi ta place et
prends la mienne.

MADAME VAUDREUIL, de même.

Que vas-tu faire?

MADAME D'ÉPERNON, toujours sans être aperçue de Vaudreuil.

Tu le verras.

MADAME VAUDREUIL.

Mais...

MADAME D'ÉPERNON, de même.

Il n'y a pas de mais..., je le veux.

VAUDREUIL, toujours sans retourner la tête.

Eh bien, Madame, j'attends... Que dites-vous ?

MADAME D'ÉPERNON, qui a pris la place de madame Vaudreuil.

Je vous dis bonsoir, mon cher Vaudreuil.

VAUDREUIL, étonné, à part.

Ce n'est pas la voix de ma femme.

MADAME D'ÉPERNON.

Et je vous tends la main.

VAUDREUIL, de même.

Ce n'est pas la main de Gabrielle.

MADAME D'ÉPERNON.

Êtes-vous muet? Vaudreuil.

VAUDREUIL, se levant.

Madame d'Épernon !

MADAME D'ÉPERNON.

Restez donc assis. Pas de politesse exagérée, je vous en
prie.

VAUDREUIL.

Mais...

MADAME D'ÉPERNON.

Ce sont les habitudes de la maison, je le sais..., on cause
dos à dos..., c'est le meilleur moyen de s'entendre... Non,
non..., encore une fois restez assis... Je tiens à ce touchant
rapprochement de deux fauteuils... Il est d'un charmant
effet pour l'ameublement; je vais le proposer dans nos salons

à la mode... Les jours de réception surtout, l'invention fera
florès ; de la sorte, les maris ne verront jamais les amants
de leurs femmes : c'est toujours cela de gagné pour la morale.

MADAME VAUDREUIL, à part.

Le fait est qu'il était temps qu'on fît quelque chose pour
elle.

MADAME D'ÉPERNON, en riant.

Vous le verrez, Vaudreuil, on se promènera dos à dos, on
s'embrassera dos à dos, on se mariera dos à dos, on n'en-
trera plus à l'Académie que dos à dos, et je vous promets
avant la fin de l'année un dos à dos universel.

VAUDREUIL, embarrassé, et cherchant des yeux autour du salon.

Et y a-t-il longtemps que vous êtes là, comtesse ?

MADAME D'ÉPERNON.

Rassurez-vous, mon cher, j'arrive, et je ne vous retiendrai
que quelques instants. Est-ce que vous cherchez quelque
chose ? Vaudreuil.

VAUDREUIL, toujours de même.

Moi ?... non.

MADAME D'ÉPERNON, avec finesse.

Vous tenez peut-être à me regarder, mais ce dos à dos ne
le permet pas. A l'avenir, il faudra croire les femmes sur
parole quand elles vous diront qu'elles sont jolies. — Décidément vous cherchez quelque chose, Vaudreuil ?

VAUDREUIL.

Non, je vous jure... Je regardais si ma canne...

MADAME D'ÉPERNON.

Votre canne? elle est là. Je vois d'ici sa tête dorée...; elle se repose des fatigues de la journée. Êtes-vous sorti ce soir?

VAUDREUIL, avec impatience.

Oui.

MADAME D'ÉPERNON.

Êtes-vous allé chez la marquise de Bonneval?

VAUDREUIL, de même.

Non.

MADAME D'ÉPERNON.

Elle reçoit aujourd'hui.

VAUDREUIL.

Je le sais.

MADAME D'ÉPERNON.

J'en sors.

VAUDREUIL, distrait.

Ah!

MADAME D'ÉPERNON.

Encore une fois, Vaudreuil, vous êtes préoccupé.

VAUDREUIL, avec humeur.

Non! non!

MADAME D'ÉPERNON.

Je vous crois... On parlait de vous chez Bonneval.

VAUDREUIL.

De moi?

MADAME D'ÉPERNON.

Oui, j'ai pris votre défense.

VAUDREUIL, froidement.

Vous êtes bien bonne, Madame.

MADAME D'ÉPERNON.

Vrai, je vous aime beaucoup, mon cher Vaudreuil; beaucoup..... Voyez donc, je vous tends la main..... mais vous
tournez sans cesse la tête de ce côté.

VAUDREUIL, vivement.

Vous vous trompez.

MADAME D'ÉPERNON, avec intention.

C'est étonnant, comme on est bien ici pour se comprendre...
Tenez, Vaudreuil, je gage que vos yeux sont dirigés vers le
fond de ce salon; je gage que vous avez l'air inquiet...; je
gage que vous voudriez m'adresser une question... Oh! qu'on
est bien ainsi pour se comprendre!... Donc, mon cher, je
vous aime du meilleur de mon cœur.... C'est bien grave ce
que je vous dis là, cela pourrait ressembler à une confidence
coupable... car, enfin, nous sommes seuls.

VAUDREUIL, faisant un mouvement.

Quoi! tout à fait seuls?

MADAME D'ÉPERNON.

Oui, tout à fait seuls. (Bas, à madame Vaudreuil qui se montre.) Cache-
toi donc!

VAUDREUIL.

Cependant?...

MADAME D'ÉPERNON.

Cependant....

VAUDREUIL, embarrassé.

Rien! rien!

MADAME D'ÉPERNON.

J'ai donc été votre défenseur, mon cher Vaudreuil, et avec
une éloquence qui vous aurait étonné. On vous accusait d'être
violent, emporté....

VAUDREUIL.

Et l'on avait raison, Madame.

MADAME VAUDREUIL, bas, à part.

Il se rend justice au moins.

MADAME D'ÉPERNON.

On vantait les grâces, la beauté de madame de Vaudreuil.

VAUDREUIL.

Morbleu! c'était faire preuve d'un excellent goût... ma
femme est la plus jolie femme de Paris.

MADAME VAUDREUIL, à part.

C'est la première fois que Vaudreuil me dit une chose flat-
teuse.

MADAME D'ÉPERNON.

Ah! mon ami, vous auriez bien dû dire une des plus jolies,
j'en eusse pris ma part. N'importe, vous me vaudrez cela à la
prochaine occasion, n'est-ce pas? On assurait également chez

Mme de Bonneval, que Gabrielle avait aussi ses moments
de vivacité, d'aigreur, d'emportement....

MADAME VAUDREUIL, à part, d'un ton de reproche.

Eh bien?

VAUDREUIL.

Et ne faut-il pas que ma femme me donne la réplique?

MADAME VAUDREUIL, à part.

Eh! sans doute je lui donne la réplique.

MADAME D'ÉPERNON.

Mais on ajoutait que Mme de Vaudreuil avait quelque mérite
à rester fidèle à un mari....

VAUDREUIL, inquiet.

Parlez plus bas, Madame.

MADAME D'ÉPERNON.

Rassurez-vous, mon cher; Gabrielle n'est pas là... Oui, l'on
disait qu'une autre, à sa place....

VAUDREUIL.

Rendrait ce mari ridicule pour se venger des inégalités de
son caractère.

MADAME D'ÉPERNON.

Et aussi?...

VAUDREUIL, troublé.

Et aussi?...

MADAME D'ÉPERNON.

Des infidélités de son cœur.

MADAME VAUDREUIL, à part.

Georges infidèle!... ô mon Dieu!

VAUDREUIL, en se levant.

Ah! on a dit cela... on a dit cela! Et quel est le misérable qui s'est permis...

MADAME D'ÉPERNON.

Mon cher Vaudreuil, depuis que le dos à dos est à la mode, le duel est devenu impossible... Mais asseyez-vous donc, je vous prie... je ne causerai pas autrement... (Vaudreuil se rasseoit.) D'ailleurs, à quoi bon vous inquiéter d'une accusation qui, fondée ou non, ne saurait être connue de Gabrielle?

VAUDREUIL.

Eh! que m'importe, Madame, que Gabrielle ignore cette accusation? L'essentiel est que je puisse lui opposer un démenti formel.

MADAME VAUDREUIL, à part.

Ah! Georges!...

MADAME D'ÉPERNON, bas à madame Vaudreuil.

Tais-toi donc! (A Vaudreuil.) Comme vous êtes ému, Vaudreuil!...

VAUDREUIL.

Je suis indigné, Madame... mais n'en exige pas moins que vous me révéliez sur-le-champ les autres calomnies qui m'ont atteint.

MADAME D'ÉPERNON.

Ici se bornent les calomnies, et ce qu'on a ajouté, vrai ou faux, n'a rien de blessant pour vous.

VAUDREUIL.

Et qu’a-t-on ajouté? Madame.

MADAME D’ÉPERNON.

A quoi bon vous le dire?

VAUDREUIL, vivement en se levant de nouveau.

Parlez, Madame, parlez!

MADAME D’ÉPERNON.

Ne vous dérangez pas, mon ami, autrement je reste
muette.

VAUDREUIL, à part avec colère.

Maudite femme! (Haut.) Eh bien, Madame?

MADAME D’ÉPERNON.

Eh bien, Monsieur, on déclarait que vous n’aimiez pas
votre femme, et, franchement, j’étais de cet avis.

VAUDREUIL, très-ému.

Ah! vraiment, c’est là votre avis? Et sur quoi le basez-
vous, je vous prie? Avez-vous le don de pénétrer jusqu’au
fond du cœur?

MADAME D’ÉPERNON.

Non, je juge les surfaces, voilà tout.

VAUDREUIL.

Prenez garde, Madame : on fait fausse route de la sorte.

MADAME D’ÉPERNON, bas à Gabrielle.

Ceci est à ton adresse, Gabrielle.

VAUDREUIL.

Sous l'habit grossier s'agitent les plus nobles sentiments. Les sources les plus limpides ont quelquefois la surface marécageuse... A travers le chemin pierreux, le voyageur trouve la fleur qu'il aime. Le soleil perce le nuage... Au fond du précipice fleurit l'aubépine... Ne le savez-vous pas, Madame?

MADAME D'ÉPERNON.

Vous avez raison, Vaudreuil.

VAUDREUIL.

Je suis querelleur, emporté!... Mais s'ensuit-il que je sois insensible, méchant ou cruel? Je rends ma femme malheureuse, j'en conviens; mais je sais le reconnaître et me blâmer!... D'honneur, elle est trop bonne de ne point me haïr... Quand elle me gronde, je trouve qu'elle me ménage, et m'en irrite davantage... Quand elle s'excuse, je deviens furieux, et la pauvre enfant souffre plus encore... Ah! je suis impardonnable! car enfin elle est jeune, belle, spirituelle, faite pour être entourée d'égards, de soins, de tendresse!... Elle obéit ici, et pourrait commander partout..... Pauvre Gabrielle! Elle effeuille ses belles années au souffle orageux de mon esprit fantasque... Je remplis auprès d'une femme charmante le rôle d'un mari septuagénaire, maussade et quinteux par état de santé. Voyons, voyons, Madame, là, bien franchement, est-ce que j'ai l'air d'un homme de trente ans? Et cependant je lui rends justice, à cette chère enfant! Oui, bien souvent..., mais lorsque je suis seul..., alors je me fâche contre moi-même, je m'accable de reproches, d'injures, je m'envoie à tous les diables..., ce qui ne m'empêche point de me retrouver un peu plus tard au coin du feu, ou dans ma voiture, jouissant de tous les agré-

ments de la vie... Ah! vous croyez, Madame, qu'il ne suffit
pas d'avoir un caractère exécrable, d'être un mari violent,
bourru, insupportable, et qu'il faut encore ne point aimer sa
femme... Et ce bruit mensonger, vous l'excusiez, vous aussi.
Vous condamnez un innocent sur la plus petite apparence...
Ah! c'est ainsi que vous entendez la justice, vous autres
femmes, je vous en fais mon bien sincère compliment.

MADAME D'ÉPERNON.

Voyons, Vaudreuil...

VAUDREUIL.

Si vous étiez du jury, Mesdames, il n'y aurait plus un seul
verdict d'acquittement.

MADAME D'ÉPERNON.

Encore une fois, mon cher Vaudreuil, calmez-vous.

VAUDREUIL.

Du calme, du calme... cela est facile à dire.

MADAME D'ÉPERNON.

Ah çà! mon ami, entre nous, vous aimez donc votre
femme?

VAUDREUIL, avec un emportement croissant.

Eh! morbleu! Madame, je vous le répète sous toutes les
formes depuis que vous êtes ici.

MADAME D'ÉPERNON.

Oui, mais sans vous servir de la bonne, de la vraie, de
celle à laquelle on ne se méprend point, de celle qui se dit
en deux mots connus dans tous les idiomes. Vérité charmante

ou séduisant mensonge que chacun désire et reçoit en souriant. Voyons, Vaudreuil, ces deux mots, et je vous tiens
quitte.

VAUDREUIL.

Eh! parbleu! Madame, s'il ne faut que cela pour vous faire
plaisir, je vous les dirai sur tous les tons, ces deux mots:
« Je l'aime! je l'aime! je l'aime! »

MADAME VAUDREUIL, qui a remplacé madame d'Épernon.

Est-ce bien vrai, Georges?

VAUDREUIL, étonné et se levant.

Quoi! vous étiez là?

MADAME VAUDREUIL.

Sans doute.

MADAME D'ÉPERNON, les faisant s'asseoir tous les deux.

Mes chers amis, restez ainsi, et sachez que lorsqu'on s'est
querellé en face, il doit être permis de se raccommoder
dos à dos.

Madame de Vaudreuil penche sa tête doucement sur l'épaule de
Vaudreuil qui l'embrasse.

FIN.

PARIS — IMPRIMERIE J. CLAYE, RUE SAINT-BENOIT, 7.